Golondrinas en la piel

Golondrinas en la piel

Begoña Lecuona Musolas

TEXTOS
Begoña Lecuona Musolas

MAQUETACIÓN
Andrea Gómez Expósito

NÚMERO DE EDICIÓN
Primera

EDICIÓN
Postdata Ediciones

ISBN
978-84-19411-84-6

DEPÓSITO LEGAL
V-2687-2024

A mis cuatro abuelos,
por enseñarme el verdadero significado del amor.
Ojalá pudierais leerlo.

PRÓLOGO

Hay alumnos en Bachillerato cuyas miradas piden complicidad. Son alumnos de porte más serio, que no se conforman con una relación estrictamente académica; con la mayoría de edad en los talones necesitan entender el mundo, las relaciones sociales y sobre todo comprenderse un poco a ellos mismos. Sus ojos parecen tristes, porque la alegría no la encuentran fuera, sino dentro de sus pensamientos. Ensimismados, introvertidos, callados, prudentes, te buscan con su mirada en calma para no molestar.

Así, en el silencio de una casa de espiritualidad, me encontré con Begoña; nuestro contacto visual fue suficiente para descubrir la complicidad que tanto anhelaba y la posibilidad de dar rienda suelta a sus inquietudes de adolescente madura.

Mi sorpresa fue cuando un día me trajo al colegio un cartapacio de poemas escritos por ella. Poemas vírgenes, desordenados, escritos al viento, como para desahogar el vacío existencial producido por un acontecimiento letal; la muerte de su abuela llamó a la puerta y se coló por la mirilla de su corazón para hacer extraño amasijo con sus otras inquietudes vitales, "Me enseñaste a vivir, pero no sin ti" (pág. 17).

Y a partir de ese momento, "en las gélidas noches de enero quedaron congeladas tus caricias" (pág. 39) y empezó un proceso de reconstrucción desde su más profunda oscuridad. "Como lluvia mojándote el alma", se fue empapando de ello y la poesía fue para Begoña la manera más pacífica de dar forma a sus noches de insomnio. Escribía para descansar, porque en las palabras materializaba sus sentimientos más nobles, se

9

sentía "libre, fugaz, frágil, eterna, ligera, e incansable" (pág. 70).

Golondrinas en la piel es un duelo sin tapujos: Dolor, Nostalgia, Abstracción y Amor son las etapas por las que atraviesa la autora hasta fundir la primera y la última. Sus ojos han cambiado; su mirada es azul y sonríe. Sigue discreta, pero con más fuerza nos escribe al final del libro: "queda mucho por venir/queda mucho por vivir" (pág. 116).

Que así sea, Begoña.

Cecilia Ribas Coll

DOLOR

Poemas que duele leerlos, pero más escribirlos.
De los que se clavan en el alma y no vuelven a salir.

PODRÍAMOS

Demasiado tiempo esperando,
demasiado para mí.

Ya no sé si te quiero, no sé quién soy ni quién eres,
ya no sé si lo nuestro fue real o fue tan sólo un sueño,
unos instantes de felicidad que nadie me hará olvidar.

Por mucho que cueste,
toca decir adiós a todo eso que tuvimos,
todo eso que podríamos haber tenido,
que podríamos haber sido.

SOLO ELLA

Puro oro que la protegía del frío en nieve se convirtió,
poca gente de verdad la conoció.

En su interior llamas de fuego cobraban vida,
mas se mostraba apacible, tranquila.

Llamas que la abrasaban por dentro
y que le impedían vivir.
Solo ella sabía lo mucho que quería morir.

NO SIN TI

Me enseñaste que la gente que merece la pena está también
en las malas.

Me enseñaste a ser fuerte,
a luchar,
a querer a quien me quiere.

Me enseñaste a vivir y,
ahora que no estás ya no vivo.
Y es que me enseñaste a vivir, pero no sin ti.

ESPERANDO

Te he visto llorar tantas veces que tu habitación
podría ser el océano.

Te he visto llorar tantas veces,
por culpa de otros,
por tu propia culpa,
porque no te quieren como mereces
y porque tú ya no te quieres.

Has llorado tantas veces que
ya no brotan de tus ojos lágrimas,
y solo se enrojecen esperando a que alguien te saque a flote.

Y ELLA MUERTA

Yo bajo la ducha
y mi abuela muerta.

Yo sola
y mi abuelo también.

Yo bajo la ducha llorando,
y mi abuela ya no me consuela,
y mi abuela muerta.
Yo aquí, esperando a alguien que no volverá.
Mi abuela muerta y sin poder ayudarme,
aconsejarme,
consolarme,
verme,
reírme...

Mi abuela sin poder reírme y yo recordándola,
pensándola,
y queriéndola,
pero sin poder decírselo,
sin poder hablarle,
tocarla,
abrazarla.

Yo a la espera de un abrazo que me dé calor
y que me devuelva a la vida,
pero ella ahí, sin poder volver,
sin poder dármelo.

Muerta pero viva,
y por más que duela,
y no consuela, muerta pero viva en mí.

SOY

Soy como el tiempo y avanzo cuando quieres pararme,
soy agua y en tus ojos me reflejo cada vez que miras al espejo
y le pides un poco más de amor.

Soy fuego y te enfrío cuando tienes calor.

Soy risa contagiosa que te hace llorar,
soy una parte de ti que cada día se aleja un poco más
y despliega sus alas queriendo alcanzar el paraíso
para dormir eternamente entre nubes.

SE BUSCA INSPIRACIÓN

No sé si escribir sobre ti,
sobre mí o sobre nosotros.
Escribiré de lo que vivo y cuánto te quiero.
No, mejor de lo que siento y lo mucho que te odio.
¿Escribo sobre lo que no tengo o lo que tuve, pero perdí?

Si tus ojos son marrones puedo escribir sobre el mar,
si tienes el pelo negro puedo escribir sobre nieve,
si estoy muerta mejor escribo sobre la vida,
pero si estoy viva mejor escribir sobre la muerte.

No sé escribir,
no sé qué escribir,
no sé si escribir.

NO LO HAGAS

No me preguntes cómo estoy,
no me digas que todo irá bien,
que esto mañana se me pasa.

No te atrevas a mirarme a los ojos,
no me eches la culpa,
no me malinterpretes y no me animes.

No me digas que me quieres,
no me mientas y tampoco me digas la verdad,
no me hables,
no me escuches.

No te dirijas a mí,
no me digas que deje de fingir.

No me seques las lágrimas,
no me abraces,
no me toques.

No hagas nada,
quédate ahí mirando cómo me pasa de todo,
y, como siempre, no te preocupes.
No te preocupes que, aunque no lo esté,
te diré que estoy bien,
que no me pasa nada,
que todo va genial
que ya me quiero y que no me importas.

FUISTE, PERO SERÁS

Miro al cielo en busca de alguna respuesta
mientras pienso la pregunta y formulo la hipótesis
que luego tendré que cambiar.

Fuiste frío y calor,
luz y oscuridad.
Fuiste el primer beso con sabor a último.
Fuiste amor y dolor.
Fuiste blanco y también negro.
Fuiste calma y tormenta,
me diste todo y me dejaste con nada.

Fuiste juventud y vejez,
fuiste pura y pecadora,
fuiste sincera, pero mentiste.
Fuiste mucho pero también poco.

Fuiste mi primer amor y el último.
Me hiciste reír,
llorar,
suspirar,
escribir y soñar.

Fuiste un sueño que jamás se cumplió,
un sueño que en sueño se quedó,
que no perseguí y que no alcancé.

INCERTIDUMBRE

No sé si perderme por siempre en el mar,
si seguir nadando a contracorriente
o rendirme y dejarme llevar.

No sé si dejar que las olas me arrastren,
me rompan,
me recompongan y me vuelvan a romper.

No sé si dejarme llevar por el mar,
no sé si el mar querrá llevarme.

NOS HAS HECHO FELICES

Te vas y no puedo retenerte más tiempo con nosotros.

Es tarde, pero sé que aguantarás,
al menos hasta que lleguen todos,
hasta que estemos todos juntos.

Entonces,
encontrarás el momento de irte,
o de volver a nacer,
de dejarnos solos y unidos a la vez,
el momento de descansar en paz,
de dejar el sufrimiento y dolor de lado,
de verle la cara a Dios,
conocerle,
y contarle lo feliz que nos has hecho aquí abajo.

LO QUE HE CALLADO

Todo lo que nunca te he dicho
floreció en mis entrañas
y quiso salir,
pero se pudrió esperando.
Por miedo, por necesidad.

Jamás sabrás todo lo que nunca te he dicho
y no porque no te lo haya dicho,
sino porque no has sabido escuchar.

Todo lo que nunca te he dicho
ha muerto dentro de mí
y ha dejado un vacío inmenso.

Todo lo que nunca te he dicho
es todo lo que siento
y cuánto siento no habértelo dicho.

TE SIENTO

Cuando cierro los ojos
y miro de frente a la oscuridad.
Cuando escucho el silencio,
cuando la vida me aprieta y yo ya no puedo más,
te recuerdo,
te veo,
y te siento.

Siento no tenerte más conmigo,
siento que te hayas ido
y siento que sin ti no siento nada.

DESESPERANZA

No sé a qué saben las nubes
ni de qué color es el paraíso.
No sé a qué aferrarme,
ni qué dejar ir,
no sé mirar hacia atrás, pero tampoco hacia adelante.
No sé qué sentido tiene este poema,
ni dónde termina un verso.
No sé si mi corazón late,
si está frío o caliente,
si siente o solo finge.

No sé qué decir cuando me miras
ni a dónde mirar cuando me hablas,
no sé si dejaré de echarte de menos,
si volveré a ser yo
o si viviré anclada para siempre en el pasado.

No sé si sé algo
y tal vez por no saber,
sé todo lo que creo
y creo saber todo lo que sé.

LLANTO DESCONSOLADO

Compungida y sola
me abrazo a mis piernas,
y cabizbaja observo cómo todo pasa.

Lloro odio,
amor y desamor,
tristeza.

Lloro vida,
lloro muerte
y lloro sangre.

Lloro sangre.
Escuece cuando lloro sangre,
sano y cicatrizo cuando lloro sangre.

Lloro tiñéndome de rojo,
y escondiéndome para que nadie me vea,
lloro sangre.

Que nadie sepa qué lloro
ni lo mucho que me consume el llanto.

Lloro por amor,
por desamor y por tristeza.

Lloro por vivir,
por morir.

Lloro rojo
y lloro espeso.
Lloro sangre.

Lloro sangre, y lo peor,
es que me gusta.

EL ANUNCIO DE MI MUERTE

Hoy he muerto y he hecho el viaje más largo de mi vida.
He muerto y he vuelto a vivir todo lo pasado,
he vuelto a reír,
a llorar
y a sufrir.

Hoy he muerto,
pero sigo aquí,
entre todos vosotros
y por fin me siento querida.

Ahora que se cómo es el paraíso,
vivo más tranquila
y acabo muriendo más rápido,
queriendo llegar a ÉL cuanto antes.

Hoy he vuelto a nacer,
he vuelto a vivir,
a llorar, reír, sufrir y sentir.

Sí, hoy he muerto,
pero me siento más viva que nunca.

TROCITOS DE MÍ, TROCITOS DE TI

El universo en mis manos,
la galaxia en tus ojos,
el océano en mis lágrimas
y lava en tus besos.
Eso es lo que quiero.

Nieve en tu pelo
y polvo sobre mi corazón,
que ha quedado en desuso tras tanto dolor
y ahora es un muro infranqueable hecho de hielo
en busca de calor y de alguien que consiga romperlo para
volver a recomponerlo.

DESTINO CAPRICHOSO

Y de repente y sin más,
llegaste.

Llegaste y me salvaste,
me diste calor cuando tenía frío y frío a 40 grados en agosto.
Llegaste en el momento oportuno
para salvarme de mí misma
y alejarme de mis impulsos.

Llegaste para salvarme, pero también para quedarte;
te quedaste y me cuidaste,
me protegiste y me amaste hasta que no pudiste más.

Y es que no soy fácil,
soy de esas que aleja a todo aquel que me quiere ayudar,
a todo aquel que me quiere.
Pero, a pesar de esto,
no fui yo la que te alejó,
sino fue la vida la que me alejó de ti.

La vida y sus caprichos,
su maldito ciclo
y su manía de llevarse con ella a los que más quiero
y cuando más los necesito.

La vida me alejó de ti,
pero como tú hiciste,
yo sigo aquí y aquí me quedaré
hasta que la vida, o la falta de ella,
quiera volver a juntarnos.

ANHELO MARÍTIMO

Espero encontrarte en mitad del océano
agarrado a tu tabla de náufrago
esperando una señal que te indique que sigues con vida.

Espero encontrarte a la deriva,
sin saber dónde vas y pensando que es el final,
que las olas te arrastrarán
y que la sal se adueñará de tu cuerpo.

Espero encontrarte antes de tu último aliento
para que puedas decirme lo que nunca dijiste,
eso que te está matando y que a mí no me importa.

Espero encontrarte,
exhausto de tanto luchar,
pero con la energía suficiente para llegar a tierra.

Espero sentada en la playa,
por si las olas ya no te desean
y te devuelven a mí,
pensando que yo sí.

NOSTALGIA

La tristeza y melancolía le susurran al alma sobre recuerdos
de antaño y comentan lamentos de lo que un día fue,
pero ya no es.

EN EL RINCÓN DEL TIEMPO

En el rincón del tiempo yace un deseo.
En el silencio reposa la voz de los que no están.
En mi corazón quedó tu recuerdo latente.
En la penumbra del pasado quedó un suspiro sin voz.

En las gélidas noches de enero
quedaron congeladas tus caricias.
En los campos escarchados quedaron muertas las flores,
y heladas nuestras raíces.

Aun así,
la esperanza se torna en un manto estrellado
y en el rincón del tiempo,
el deseo revive.

VUELVE

Qué ganas de tenerte,
de abrazarte, de sentirte.
¡Qué ganas de sentirte!
Y cuánto siento no sentirte.
No sentirte es no tenerte y
no tenerte es morir lentamente.

QUERER Y NO PODER

Buscarte y no encontrarte,
querer tocarte y no sentirte.
Recordarte,
recordarte una y otra vez
porque tan solo con una no basta.

UN SAN JUAN SIN TI

Calurosa noche,
ganas de tenerte.

Profunda oscuridad que me incita,
me adentro sin saber qué me espera,
sin saber qué encontraré.

Y es que las ganas de tenerte son tantas
como las noches que te he soñado.

Te echo de menos, me echo de menos, nos echo de menos.

ROTA

Fugaz y efímero,
anhelo constante.

En mi pecho,
has dejado un vacío inmenso
que llenaste a base de falsas esperanzas,
de promesas rotas.

Se acostumbraron mis manos
y se inundaron mis ojos
al darme cuenta de que te habías ido.

EN LA DISTANCIA

Aquí estoy,
esperándote.

Aquí estoy,
deseándote.

Aquí estoy,
soñándote,
soñándonos.
Soñando toda una vida juntos.

Aquí estoy,
echándote de menos.

Quiero verte,
tenerte y besarte.
Pero aquí estoy,
hecha polvo sin ti,
y tú ahí,
siendo como si nada.

QUIERO

Saber que no me quieres,
querer no saberlo.

Tenerte es lo mejor que me ha pasado,
perderte, lo peor.

Quiero que vuelvas,
que te quedes a mi lado,
ahora y siempre.

Quiero besarte como si no hubiese un mañana,
tocarte como lo hacía antes.

Si es junto a ti y contigo,
quiero detener el tiempo,
quedarme a vivir en los segundos,
sin prisa y con alguna que otra pausa.

Pausas para saber que esto es real,
que no es un sueño,
que te tengo a mi lado
y que el mar ha vuelto.

SEGUIRÉ

Seguiré hablándote,
aunque no me escuches.
Seguiré acariciándote,
aunque no me sientas.
Seguiré besándote,
aunque mis besos no recibas.
Seguiré llorándote, aunque no me puedas consolar.
Seguiré riéndote, aunque no me oigas.
Seguiré queriéndote, aunque no estés aquí.

RÍE DE NUEVO

El mar me susurra al oído
que ya te has ido.

Las olas me rompen por dentro
y a la luz sale el más puro sentimiento.

La marea me arrastra,
sin rumbo fijo
a ti me dirijo.

La tormenta llega,
me desespera,
me enfada,
me revuelve
y, una vez pasada,
me apacigua.

La calma ha venido a mí,
y ya que he llegado hasta aquí,
no me pienso ir
hasta que te oiga de nuevo reír.

SEGUIR

Buscarte para no encontrarte,
soñarte para no verte,
pensarte para no hablarte
y sentirte para no tocarte.

Abrazarte para echarte de menos.
Quererte para no olvidarte
y olvidarte para no dejar de quererte.

QUERER QUERERTE

Querer tenerte y que no estés,
querer abrazarte y no encontrarte,
querer que vuelvas
y querer quererte, pero no poder.

Si no puedo querer lo que quiero,
dime a mí qué me queda,
qué tengo ahora que no te tengo,
qué querer mientras espero lo que quiero,
como vivir sin ti pero conmigo.

Dime cómo contengo las ganas que tengo de quererte.
Dime qué hago si tú no estás,
si te has llevado mi vida,
si no me queda nada
y tú lo tienes todo.

Dime cómo puedo no poder quererte
si eso es todo lo que quiero.

MEMORIAS COMPARTIDAS

Y aquí estoy yo,
leyendo un libro nuevo con olor a viejo,
escuchando nuestra canción
y queriendo parar el tiempo
para sentir cómo mezclo la letra de la canción
con el poema de la página 38.

Y es que aquí me tienes,
escuchando nuestro libro
y leyendo una canción
sin perder detalle para poder perderme entre las letras
y vivir del recuerdo que me provoca estar aquí sentada,
leyendo un libro viejo con olor a nuevo
y escuchando, de fondo, la que fue nuestra canción.

EL ECO DE TU AUSENCIA

Echo de menos tantas cosas
que no se ni qué echo de menos y qué no.
Echo de menos echar de menos
y quiero aprender a no hacerlo.

Quiero que alguien venga para dejar de echar de menos,
quiero querer y no echar,
no quiero echar de menos, pero lo necesito.

Necesito aprender,
desaprender,
echar mucho de menos para luego poder echarme atrás
y aprender que echar de menos es tan necesario como no
hacerlo.

¿Y SI...?

¿Y si somos lo que no queremos ser?

¿Y si besamos heridas que todavía sangran?

¿Y si volamos sin tener alas?

¿Y si probamos algo por primera vez?

¿Y si miramos al cielo sabiendo lo que buscamos?

¿Y si nos abrazamos cuando reímos,
y al llorar no nos tocamos?

¿Y si todo fuera diferente y todo funcionara al revés?

¿Y si cuando decimos un *hasta luego* en verdad queremos decir un *hasta siempre*?

¿Y si las flores no crecieran, los niños no jugasen, los adultos no trabajasen, los libros no se abriesen y el amor muriese?

¿Qué pasaría si nos juntamos y luego nos separamos para ver cómo sería vivir sin el otro?

DIALONGANDO CON EL SILENCIO

Ven y dime por qué tus ojos no ríen
y tus labios no lloran.

Ven a decirme por qué te has ido
y por qué yo he muerto si me he quedado.

Acércate otra vez,
no tengas miedo,
que el infierno es azul y está lejos.

Ven y dime a qué sabe el cielo,
si has visto fantasmas
y cuéntame tus miedos.

Ven que yo te espero,
que yo te escucho.

REPETIR

Tus ojos color café,
tus suspiros sabor vida,
tus manos cansadas de trabajar,
tus abrazos interminables,
tus ganas de arroparme,
cuánto me querías y cuánto te sigo queriendo.

Tu ceño fruncido,
las sombras del odio,
las raíces de nuestro amor,
tus besos sabor fresa
y tus lágrimas sabor limón.

Tú y yo como antes,
como siempre.

VOLVER

El detalle de encontrar segundos
cuando crees que todo ha acabado,
que no queda tiempo para ver las flores crecer,
el amanecer o las estrellas.

Tu mirada clavada en el infinito,
sumergida en la nostalgia de querer amar
y volver a aquel lugar donde fuiste fuerte
y creíste que podías con todo.
Donde los niños no lloraban
y tus preocupaciones se desvanecían como suspiros en el aire,
donde tú podías componer la banda sonora de tu vida
y no eras un mero peón.

Volver al lugar donde naciste para volver a nacer,
respirar hondo, coger aire,
descansar,
acordarte de tus raíces y no volver a perderlas.
Volver para encontrarte, y ahí poder volver a amar.

HUELLA

Me siento en el que fue tu sofá,
aquel que se amoldó a la forma de tu cuerpo
y te abrazaba cada día.

Leo el periódico,
aquel que dejaste abierto y sin terminar.

Me abrigo con tu jersey,
aquel que cosías en las tardes de verano.

Me levanto, paseo y me tumbo en tu cama,
aquella tan blanda en la que te hundías.

Me duermo, doy vueltas, me despierto y me vuelvo a dormir.

Acabo soñando y sueño que estás a mi lado,
que me abrazas
y me susurras al oído que me has vuelto a querer.

DIJISTE QUE ME QUERÍAS

La contradicción de querer avanzar estando quieta
y de querer verte, pero no encontrar tiempo para hacerlo.

Las ganas de tenerte luchan con mi incapacidad de amar
y se baten en duelo con los abrazos que no te di,
buscando, entre recuerdos olvidados,
la primera vez que me dijiste "te quiero"
para darme cuenta
y ver que es cierto
eso de que las palabras se las lleva el viento.

A LO LEJOS

Diviso, a lo lejos, nuestros recuerdos
y anhelo poder abrazarte de nuevo.

Escribo, de cero, nuestra historia
e imagino el final que no tuvimos.

Escucho, de fondo, la canción que me enseñaste
y canto, a pleno pulmón, las promesas que nos hicimos,
pero no cumplimos.

ABSTRACCIÓN

Tal vez sepas de qué hablo, tal vez no.
Puede ser que los interpretes como yo y puede ser que no.
Quizá les encuentras sentido y te remuevan por dentro,
quizá no.

Déjate llevar, e imagina.

ARTE

Fina afilada mina que se desliza sobre el papel,
letras que forman palabras y palabras que crean arte.

No piensas, sientes.
Sientes y escribes,
escribes lo que sientes.

No hay reglas a las que ceñirse más que las que tu corazón
dicte.

MÁS QUE UNA GOTA

Fría gota salada que resbala sobre tu tez,
gota que arrastra consigo un dolor incalculable.

Gota fría y amarga,
gota salada,
que humedece tu piel y la hace brillar.

Gota que resalta tu inocente mirada,
que te desnuda frente a otros.
Gota de sinceridad, dolor, pasión.

Oh, fría gota salada que resbala sobre tu tez.

ESPERANZA

Cuando el cielo es de color negro,
cuando mi alma y yo estamos en armonía,
cuando escuchamos juntas el silencio,
se me nubla la vista,
los pensamientos me invaden,
los sentimientos salen a la luz en la más profunda oscuridad
y se juntan con las esperanzas de aquellos
que ahora iluminan aquel cielo tan negro
que ahora tiene pequeñas,
grandes ilusiones.

P Y B

La vida es algo que se me escapa,
no puedo sostenerla, pesa demasiado.
Se hunde en mi pecho;
efímera pero eterna.

Eterna como las ganas que tengo de tenerte entre mis brazos.
Efímera como nuestros despertares,
nuestros adioses y te quiero.

Eterna como las despedidas que tuvimos,
donde nos decíamos adiós,
un adiós que lo significaba todo, pero a la vez nada.

No quiero que te vayas,
no quiero que nos separemos.

Pero lo quiero todo;
nuestro mundo
y nuestros besos.

Y quiero que la tormenta de nuestra vida sea una,
quiero que tu piel se una a la mía
y, sobre todo, te quiero a ti
cerca.

Tan cerca como nunca antes te he tenido,
quiero que seamos uno
formando parte de un mismo todo.

Que es a la vez todo, y a la vez nada.

POESÍA

Una mañana de verano fría como las de invierno,
tu cara en la playa,
una cerveza en jarra congelada,
un paseo frente al mar.

Un bar repleto de gente,
el cielo lleno de estrellas,
el olor de un libro nuevo
y el de uno viejo.

Un sorbo de agua fría,
un beso de buenas noches
y de buenos días.

El primer beso,
el viento enredándote el pelo,
la lluvia mojándote el alma.

Esto es poesía,
todo es poesía;
poesía de la calle, que baja a comprar el pan.
Poesía de casa, que se queda en el sofá con una manta.
Poesía del cielo, que te hace vibrar por dentro.
Poesía del lector, que llena vacíos con palabras.
Poesía del poeta, que sale de dentro.

DE POR VIDA

La sombra de una vida
que fue encarcelada
y quedó atrapada
en las raíces de un amor que jamás floreció.

A TI, PARA TI

A ti,
que me ves,
pero no me miras.

A ti,
que me oyes,
pero no me escuchas.

A ti,
que estando a tu lado,
soy más yo,
más pura.

A ti,
para que lo tengas en cuenta
para que lo sepas,
que cuando sea
y donde sea,
yo voy a estar.

ERES

Una línea,
una línea recta,
de la que no puedes salir.

Caminas entre dos líneas,
dos líneas rectas,
que te impiden ser libre.

Corres entre dos líneas rectas,
dos líneas rectas que, zancada a zancada,
se convierten en una.

Vuelas,
vuelas sobre dos líneas rectas,
dos líneas que antes no te dejaban caminar,
que te impedían ser.

Y ahora,
ahora que vuelas sobre ellas,
eres.

Eres libre,
fugaz,
frágil,
eterna,
ligera,
imparable e incansable.

Eres todo,
todo lo que se nos escapa,
todo lo que se escapa de este mundo terrenal.
Eres. Y eso es todo lo que importa.

QUIZÁ

La noche me ha invadido.
Soy pura oscuridad que le teme a la luz y le gime al viento.
Que no se moja bajo la lluvia,
pero se empapa con lágrimas negras.
Lágrimas negras, lágrimas amargas.

La nieve baña de blanco las montañas y yo sigo de negro.
El sol sale cada mañana y yo sigo durmiendo,
yo sigo soñando que algún día,
quizá algún día,
nos volvamos a ver.

INSTINTO

Ojos verdes,
pelo liso,
ropa vieja y camisa arrugada.

Cerveza fría,
cigarro apagado,
mirada perdida.

Abrazo sentido,
despedida dolorosa,
beso apasionado
y piel suave.

Pelos de punta
recuerdo efímero,
hermosa nostalgia
y sentimiento intenso.

AGUARDANDO LA TORMENTA

Huele a lluvia
todavía se ve el sol,
pero huele a lluvia.

Abro el paraguas y contemplo de espaldas
la tormenta que viene de frente:
me quedo quieta,
sigo con la mirada las nubes;
van rápido, muy rápido.
Hay viento. Viento fuerte, muy fuerte
que trae consigo el olor a lluvia.

Miro hacia el horizonte, veo un mar azul y enfurecido
siendo acariciado por nubes grises, casi negras.
Nubes feas,
nubes que pesan y que quieren volver a ser blancas.

Miro alrededor,
estoy sola,
no hay nadie,
todos se han ido.
Respiro,
respiro hondo sintiendo cómo entra y sale el aire,
aire frío con olor a lluvia
y con sabor a sal.

Cierro el paraguas
pues quiero mojarme,
quiero sentir
y quiero tocar la lluvia.

Se me empapa el pelo,
la ropa
y los zapatos.
Se me corre el rímel y, después, lloro.

Huele a lluvia,
ya no se ve el sol,
pero huele a lluvia.

TERCER ELEMENTO

Soy ola movida por el viento,
ola que golpea, pero no daña,
que empuja y arrastra.
Soy agua. Soy viento.

Soy todo lo que quieras y todo lo que pueda.
Soy la mejor versión de mí misma,
y también la peor.

Soy ola que rompe contra todo, pero no con todo.
Soy la ola que te susurra,
soy un leve movimiento escondido tras un gran impulso.
Soy viento. Soy agua.

El agua que va y nunca vuelve.

AQUEL DÍA

En verano se lloraron lágrimas secas,
en invierno hubo deshielo,
en primavera no hubo rosas
y en otoño los árboles no perdieron las hojas.

El frío empezó a calentar
y los mudos ya no escuchaban el leve susurro del aire.

Las olas no rompían,
las estrellas no brillaban
y los niños ya no reían.

Las caricias arañaban,
los besos mataban
y un abrazo dolía.

Los relojes no avanzaban,
el tiempo se detuvo:
aquel día no amaneció y tampoco anocheció.

Aquel día todo cambió,
todo dejó de ser lo que era para convertirse en lo que no,
para romper esquemas,
destrozar vidas,
respirar y poder ahogarse,
sentir tu dolor y dejar de ser,
para siempre,
todo aquello que había sido.

60

Dame un minuto para acabar con todo,
para parar el mundo,
mirarte a los ojos y volver a empezar.

Dame tan solo sesenta segundos
para derretirme a la par que helarme.

Dame un minuto que me emociono,
que me descompongo y me recompongo
y me fundo contigo en un solo cuerpo,
me alzo, toco cielo y te hago un sitio a mi lado.

Solo te pido un minuto,
sesenta segundos,
ni un poco más,
ni un poco menos.

NO LA ENCONTRARÁS

Jamás descubrirás el color de mi alma,
puede que se la haya vendido al diablo,
tal vez la he dejado en manos de Dios
o quizá está vagando por la nada mientras lo busca todo.

Solo quien la posee sabe de su color,
forma y olor
y el día en que me la arranque,
temblará el mundo expectante
por saber cuál es mi destino
y por saber dónde iré,
quizá para buscarme,
quizá para no encontrarme.

ORIGEN

Soy del mar y vuelvo al mar.

Soy de un mar rabioso y tranquilo,
de un mar que apacigua a la par que enerva.

Soy del mar que me arrastra haciéndome suya
y me lleva con él a lugares recónditos.
Soy del mar cuando llueve,
cuando hace calor y sopla el viento.

Estoy hecha de la espuma del mar que se torna blanca al topar
con la orilla y regresa como si nada hubiera pasado.

Mar tranquilo,
mar revuelto,
mar frío y caliente,
mar que tiene y mar que da,
mar que quiere.

Soy del mar porque yo soy el mar.

SÍMIL

Un anillo sin dedo,
una mirada sin vista,
una canción en silencio,
libretas mojadas y tinta corrida,
manos frías en busca de calor,
pelo rebelde,
viento sin fuerza,
soldados sin armaduras,
lágrimas sin llanto,
corazones helados.
Un libro sin palabras,
un jardín sin flores,
una vida sin amor,
un amor sin ser dos,
vivir sin morir
y morir sin vivir.

ESPEJO DE ALMA

A la niña le brillan los ojos y baila sola bajo la luna.
La luna hace sombra a la niña que sola baila bajo ella.

Dejan de brillar los ojos de la niña que baila sola,
apagados por la luna que la ha cegado.

Soledad baila junto a la niña
al compás del sube-baja de la marea,
impulsado y guiado por la luna,
por la misma luna bajo la que bailaba sola la niña
a la que le brillaban los ojos.

Ahora bajo la luna ya no se baila,
ya no brillan los ojos de la niña que bailaba sola
al son de su ritmo.

Ha amanecido y la niña se ha ido,
sus ojos son blancos,
están abiertos
y mirando al cielo.

A la niña ya no le brillan los ojos,
y ya no baila bajo la luna,
pero (la niña) sigue sola.

EN EL INTERIOR

Vivo sumergida en un bosque negro,
un bosque oscuro y sin salida
que un día me hizo hija suya y ahora no me dejar ir.
Me junto con las flores,
hablo con las hojas
y me abrazo a los troncos en busca de algo,
algo menos duro que mi corazón.

EL BAILE DE LA MAREA

Te miro y no veo nada.
Nada bailando al son de todo, .
al compás de solo un poco.

Acercándome mientras el tiempo se para,
los relojes gritan
y la música ha dejado de sonar.

Se oye de fondo un leve murmuro,
un pequeño susurro;
son el mar y la luna,
que se hablan mientras uno quiere subir
y la otra lo hace bajar.

GEOMETRÍA

Una esfera, dos cuadrados y pocas ganas.
Un rectángulo, un triángulo y poca vida.

Negro, vacío y oscuro,
así es mi interior.
Vacío, negro y oscuro.

Una aguja penetra mi corazón,
no duele, gusta.
No hiere, cura.

Otra esfera,
dos cuadrados,
rectángulos y triángulos,
otra vez lo mismo,
otra vez nada.

VACÍA

Intenta mirar más allá y no verás nada.
Nada oscuro,
nada claro,
nada vivo y nada muerto.
Nada grande,
nada amargo y nada doloroso.

Un vacío de nada que ocupa la nada,
que oprime y asfixia,
que no deja ser,
que limita y ahoga.

Nada que pasa cuando pasa de todo
y todo pasa, cuando nada pasa.

SUEÑO

Tus ojos cansados me dicen que mire las nubes,
que aprecie más el amanecer y menos el atardecer,
que es entonces cuando el día se apaga,
todos duermen
y se sueñan imposibles.

Los pétalos de las flores caen despacio,
se posan sobre la piel acariciándome como nadie lo ha hecho
mientras yo espero un milagro o, simplemente,
que no suene el despertador.

Me hallo en un campo de girasoles
que se mueven a la luz de la luna,
los pájaros aquí no vuelan, corren,
como si estuvieran huyendo de algo,
como si quisieran alzar el vuelo.

En esta vida de fantasía,
tu vida es mía y puedo hacer con ella lo que desee.

SIN RUMBO

Los pájaros alzan su vuelo al ritmo de tus latidos,
pían bajito para que no les escuches
y se esconden entre las ramas,
que les recuerdan a tu pelo.
Acarician el cielo pensando que es tu piel
y sueñan con poder besarte de nuevo.

HACIA DELANTE

Quizá estoy buscando algo que no quiero
y temo encontrarme con lo que necesito.

Tal vez persigo fantasmas
e intento darles vida a pesar de estar muertos.

Creo que espero demasiado y merezco poco,
que lucho por todo, pero no aspiro a nada.
Pero que,
a pesar de eso,
sigo.

EL TIEMPO PASA

Pasa el tiempo y miro por la ventana,
los árboles no tienen hojas,
el mar está quieto y los pájaros no vuelan.
El cielo es azul y tiene manchas blancas,
y el sol, tímido, se esconde.

Miro por la ventana y mi reflejo me imita,
se aleja asustado y se mira preocupado,
no se encuentra.

Mi reflejo me imita y yo, sentada, escribo.
Salen de mí letras que forman palabras
y el azar las junta formando este simple poema.

Yo, sentada, escribo
y este poema se acaba.

¿QUÉ MÁS?

Silencio. ¿Qué más se puede pedir?
Las palabras mudas
y los labios sellados.
Ignorancia sin volumen.

Un sorbo de café,
un poco de leche,
medio sobre de azúcar y remover.

Remover mientras la vida pasa,
la gente no habla
y el café se enfría.

AMOR

Poemas que salen del corazón y desnudan emociones,
Susurros que unen almas.

ES TARDE

Recuerdo fugaz que se desliza entre mis dedos,
ya se hizo tarde.

Debí haberlo dicho antes.
Debí haberle dicho que la quería,
que la quería con toda mi alma,
que nada soy sin ella y con ella lo era todo.

TE QUIERO

Y reír,
llorar si hace falta,
porque tanto tiempo de fuerza,
tanto tiempo de amor,
lleva paz,
y, en tu paz,
estaré contigo
como tú, sin pedírtelo,
has estado siempre conmigo.

MEJOR JUNTOS

No hay mejor pista de baile que tus caderas,
ni mejor baile que el que hacemos los dos en tu cama,
no hay mejor curva que la que se me dibuja en la cara
al verte,
al besarte,
al bailarte,
sentirte
y tenerte.

No hay mejor escalofrío que el que siento cuando me tocas,
cuando erizas mi piel centímetro a centímetro,
cuando pasamos de ser dos a ser uno
y, en ese momento,
volamos.

ÉL

Me perdí en la galaxia que era su espalda,
llena de lunares conectados mediante caricias.

Sus ojos eran tan azules que, cuando lo miraba,
era como estar en medio del océano.

Sin saber cómo,
me enredé en su pelo,
como quien se pierde en un bosque y no encuentra salida.

Y es que, estando juntos,
las palabras sobran,
los labios callan
y la piel grita.

QUERERTE

Sólo pido que me quieras como yo te quiero;
a destiempo,
sin misterios
y porque quiero.

Quiero quererte ahora,
lo querré mañana
y el resto de mi vida.
Tal vez suene egoísta,
pero quererte conlleva quererme más a mí
y, después del tiempo que llevo sin quererme,
es gratificante que, queriéndote,
me quiera.

Quererme a mí misma para no permitirme más
eso de revolcarme en la tristeza,
para querer mejor al resto.

Que no suene egocéntrico cuando digo
que quererte hace que me quiera más,
pues quererte es tan solo una parte de amarte.

SI PUDIERA...

Si pudiera,
te abrazaría tan fuerte
hasta romperte un poquito de amor,
hasta que formemos parte del mismo todo
y tu alma y mi alma sean nuestras,
se complementen y se unan.

Si pudiera,
te abrazaría tan fuerte para que te olvidases de todo,
dándote todo mi calor,
para que no pases más frío y vivas siempre en verano.

Si pudiera,
me quedaría siempre contigo, a tu lado,
te cogería tan fuerte de la mano que nunca te volverías a
sentir solo.

Si pudiera,
pararía el mundo para bajarnos
y formar un universo paralelo.

Si pudiera, haría todo por y para ti.
Porque te lo mereces todo,
te mereces tanto que no creo que yo sea capaz de dártelo
y, por eso y aunque me duela,
voy a dejar que lo haga otra,
otra que te lo pueda dar todo,
que te quiera y te cuide,
que te haga feliz.

Si pudiera,
ese alguien sería yo.

PUEDE SER NUESTRO

El aire puro,
el ímpetu del viento,
la lluvia calándote,
las olas rompiendo en la orilla,
la puesta de sol del último día de verano,
las noches estrelladas y la luna llena,
la belleza de un poema,
la sutileza de una indirecta,
la inspiración inesperada,
un beso robado,
un abrazo regalado,
la dulzura de un niño,
la sencillez de un te quiero,
la sinceridad de un poeta al escribir.

AMOR DE CONTRASTES

Mientras el cielo arde,
el fuego enfría,
la mar seca y la tierra moja,
nosotros seguimos queriéndonos en silencio
y viéndonos a oscuras.

EL OCÉANO ENTRE NOSOTROS

El reflejo del sol en el mar,
la arena en tu pelo
y la sal de tus labios,
que endulza nuestros besos.

ALAS ROTAS

Quiero irme,
quiero ser libre y soñar,
quiero tener sueños y poder cumplirlos.

Quiero alas,
alas que me abracen,
que me den calor,
que me lleven junto a ti
y muy lejos de aquí.

Estar junto a ti para saber de dónde vengo,
recordar quién era y hacia dónde voy.
Estar contigo para volver a ver tus ojos brillar
y los míos sonreír,
estar otra vez junto a ti
para abrazar la pureza y tocar el cielo.

Estar contigo, simplemente para volver a ser,
porque contigo sueño despierta,
río al llorar y lloro al reír
y vislumbro cordura en mi locura.

Tú,
dulces alas que arraigan,
expertas raíces que vuelan,
salvación en mi perdición.

Tú,
dulce introducción al caos,
sácame de aquí.

DESEO

Sólo quiero que me cuides cerca,
desde lejos.

Que me agarres y me cojas fuerte,
pero con caricias.

Que me busques y me encuentres,
que me sueltes y me pierdas,
que me quieras, aun no queriendo.

RESURGIENDO

Hacía tiempo que no me pensaba.
Hacía tiempo que había olvidado lo que es sentir.
Hace ya un tiempo que he muerto,
pero, poco a poco,
tú me devuelves a la vida.

OTRA VIDA

Me he despojado de todas mis palabras,
ya no me pesan,
ya no me duelen.

Me he liberado de mis cadenas,
ya no me atan,
ya no me impiden.

He cosido mis alas y he empezado a volar,
sin rumbo, pero libre.

Ahora toco las nubes con las manos,
acaricio el cielo y disfruto de la lluvia.
Floto en nuestros recuerdos y me aferro a lo que nos quedó
pensando que, tal vez, y solo tal vez,
hubiera sido mejor no conocernos.

RESTOS DE AMOR

Las nubes azules se pasean por un cielo blanco
que anhela tu presencia y busca la ausencia de lluvia.

Apenado, mira por la ventana
y respira con nostalgia los recuerdos que le quedan.

Se pregunta por qué no viniste,
por qué marchaste
y por qué no le quisiste
mientras mira una fotografía vieja
y huele tu perfume en la camisa que le dejaste aquel verano.

EQUILIBRIO

La tranquilidad de estar en equilibrio
a pesar de que nos separa un abismo inalcanzable
y ya no me escuchas cuando te hablo,
pero me sientes al abrazarnos.

EN TU JARDÍN

Las margaritas crecen despacio,
esperando a ser regadas
o, tal vez, a encontrar un lugar mejor.
Los pétalos se despliegan,
buscando el sol, buscando el amor.

Sembrarán sus esperanzas
en el jardín de tus ojos
y crecerán altas,
llenándose de vida.

Tus caricias son la lluvia que necesitan,
cada gota, un susurro
cada verso, un latido.

En tu mirada hallan el lugar para crecer,
y sus raíces se abrazan a las tuyas,
dejando tu corazón al descubierto.

RENUNCIO A TODO

Los días se tornan grises,
el sol se esconde
y los girasoles no saben dónde mirar.
Las estrellas brillan con fuerza
como presumiendo de tu ausencia.

Miro al cielo y pregunto cuál es el precio de tenerte
y a qué debo renunciar para vivir en el presente,
pues es en tu corazón donde hallo paz
y, entre tus brazos, donde me gustaría estar.

ESTÁS AQUÍ

Los atardeceres tienen tu nombre
y los amaneceres, el color de tus ojos.

La lluvia recuerda tu olor,
las nubes anhelan tus caricias.

Los días nublados me recuerdan tu ausencia
y los despejados saben a ti.

El mar refleja tu risa,
y tus palabras vienen con las olas
mientras tus abrazos los trae el viento.

Los atardeceres tienen tu nombre
y los amaneceres,
el color de tus ojos.

NO SÉ QUÉ ES EL AMOR

Y es que no sé qué es el amor,
no sé querer
y tampoco sé decir te quiero.

No sé dar abrazos,
no me gustan los besos,
pero en tus ojos encuentro entero el universo.

No entiendo de juramentos ni promesas
y mi corazón es un libro cerrado
que en cada latido
y en cada suspiro,
empieza a quererte.

No sé escribir poemas de amor,
mis palabras son torpes
que sienten que te quiero,
pero no lo dicen.

No sé pintar paisajes,
pero en el lienzo blanco que es la vida
me defiendo y te pongo a ti primero.

SUSURROS DEL COLIBRÍ

Ayer hablé con un colibrí y me susurró al oído que ya te
habías ido.

Me dijo que has aprendido a volar,
que ahora acaricias las nubes
y te confunden con los pájaros.

Me contó que te vuelves de color naranja por las tardes,
que cuando lloras lo mojas todo
pero cuando ríes, nadie te escucha.

Ayer hablé con un colibrí y me susurró al oído
que ya te habías ido,
sin embargo,
te escucho murmurar en mi oído que me sigues queriendo,
que todavía no llene el vacío que has dejado,
que me sigues cuidando,
y que quieres volver.

PEQUEÑAS COSAS

Antaño todo era gris,
mi sombra era vaga y no tenía raíz.
Me buscaba sin parar
sin saber qué me iba a encontrar.
Cada día despertaba aun teniendo el alma herida,
cada día, una lucha contenida.

Pequeñas cosas que no disfrutaba
son ahora grandes placeres
que solo valoras cuando pierdes.
La vida, antes gris, se tiñe de colores
y por más que lloré
ahora sé reír.

El transcurrir del tiempo, de manera sutil,
me enseñó a sentir, me enseñó a vivir.
Ahora en las pequeñas cosas hallo sentido
y en cada cicatriz, esencia de lo vivido.

Respira,
que queda mucho por venir,
que queda mucho por vivir.